ARREST DV CONSEIL D'ESTAT;

portant renuoy à la Chambre de Iuſtice, des charges & informations faites contre le ſieur de Senegas & ſes complices, pour raiſon des exactions & indeuës leuées de deniers par eux faites ſur les habitans taillables de la Communauté de Curualle.

Extraict des Regiſtres du Conſeil d'Eſtat.

LE Roy s'eſtant fait repreſenter, eſtant en ſon Conſeil, que les troubles dans leſquels la Communauté de Cur-ualle eſt opprimée, de la part de Charles de Durand ſieur de Senegas, faiſant profeſſion de la Religion Pretenduë Reformée, lequel pour ſe rendre le Seigneur & le Maiſtre de cette Communauté, & du Domaine d'icelle, dependant de ſa Majeſté, il n'a point fait de difficulté de violer toutes les Loix diuines & humaines, & d'accumuler crime ſur crime pour les opprimer. Leurs mal-heurs ont commencé par les deux tranſactions que ledit Senegas fit paſſer en ſa faueur par ladite Communauté, par leſquelles, & pour les intereſts de la ſomme de vnze mille ſix cents liures qu'il auoit extorquée de cette pauure Communauté, par dol & fraude, pour ſommes non deuës; il ſe fit bailler la jouïſſance pour ſix ans des reuenus vtiles du Domaine du Roy pour s'en rendre le Seigneur, ce que voyant ladite Communauté, auant que leſdites ſix années fuſſent expirées, en l'année 1653. les Syndics d'icelle luy conſignerent ladite ſomme d'vnze mille ſix cents liures, & pretendirent par ce moyen, auec beaucoup de raiſon, de joüir dudit Domaine,

A

comme elle faiſoit auant leſdites tranſactions ; mais ledit Senegas qui trouuoit ſon compte dans cette joüiſſance qui dou-
bloit l'intereſt de l'argent qu'il pretexte luy eſtre deu, au lieu
de conſentir au delaiſſement dudit Domaine, il s'aduiſa de faire pluſieurs procez Ciuils & Criminels auſdits Syndics, Conſuls & autres taillables de ladite Communauté, en la Chambre
de l'Edict de Caſtres, où il a grand nombre de parens, & eſt
conſideré comme vn des plus principaux de ladite Religion
Pretenduë Reformée, où il fit rendre vn Arreſt le 12. Aouſt
1654. portant que la Communauté s'aſſembleroit deuant deux
Commiſſaires de ladite Chambre de Caſtres, pour deliberer
ſur l'vtilité ou inutilité, que ladite Communauté auoit de faire
ledit recouurement dudit Domaine. Et pour mieux reüſſir à
tous ſes deſſeins, il fit encore deux choſes : La premiere d'in-
timider les Conſuls & Habitans dudit Curualle, pour les obli-
ger à faire ce qu'il vouloit. Il en fit aſſaſſiner vne partie, &
menaça le reſte de les tuër s'ils ne luy eſtoient entierement
ſoufmis, deſquels excez ledit Syndic s'en eſtant plaint, ledit
Senecas pour ſe mettre à couuert ſe retira en la Chambre de
l'Edict de Caſtres, où il fut impoſſible de trouuer Iuſtice, y
eſtant interuenu quatre Arreſts de partage, ſurquoy l'inſtance
fut portée au Conſeil, où il ſurprit vn Arreſt ſur requeſte le
23. Iuillet 1655. portant qu'il joüiroit dudit Domaine, & du
depuis ladite inſtance a demeuré indeciſe par l'impuiſſance de
cette pauure Communauté. La ſeconde voye qu'il tint, fut
de faire des Conſuls de ſon autorité priuée, tous de ſa depen-
dance, & par ce moyen exclure tous les Habitans de la connoiſſance des affaires, impoſitions & leuées des deniers de ſa
Majeſté, & encore pour faire deſauoüer toutes les pourſuites
que ladite Communauté faiſoit contre luy, tant pour raiſon du
recouurement dudit Domaine, que pour les aſſaſſinats & meurtres qu'il a commis & fait commettre au prejudice de la verita-
ble nomination, qui auoit eſté faite par ladite Communauté,
dans les formes ordinaires, des perſonnes de Iean Noſier, Iean
Alary, Iean Aluergny & Iacques Sablairolles, ledit Senegas fit
vne ſeconde nomination de ſon autorité priuée, contre toutes

fortes de regles, fit eflire Iean Sentoul, Gilles Mathieu, Guillaume Bermond & Bernard Brouffes, pour l'année 1655. par le nommé Nicoules, dernier Conful, qu'il auoit fait enleuer prifonnier. Et pour faire toutes chofes mieux à fa deuotion, il fit nommer par ces pretendus Confuls, pour Syndic de ladite Communauté, le nommé Pierre Bonnet fon Valet, ce qu'il auroit continué jufques en l'année 1659. Cette pauure Communauté pour fe liberer des violences, & fe maintenir dans fa liberté, & dans le priuilege que lefdits Habitans ont d'eflire leurs Confuls, & fe redimer de cette tyrannie, interjetterent appel de cette procedure, de l'eflection collufoire faite par ledit Senegas de fon autorité, au Parlement de Tholouze, leurs Iuges naturels, où par trois Arrefts contradictoires, du 18. Ianuier, 27. Auril, & 10. Decembre 1655. les pretendus Confuls faits par Senegas, furent caffez auec defpens, & l'eflection faite par ladite Communauté confirmée. Comme ledit Senegas eft vn homme à tout entreprendre & tres-puiffant dans le païs par le credit qu'il a eu en la Chambre de l'Edict de Caftres, à caufe des nombreufes parentez & alliances qu'il a en icelle, il maintint ces pretendus Confuls de fon autorité priuée, & fous leurs noms fit faire de fecondes impofitions, qu'il fit leuer à main armée en ladite année 1655. qu'il auroit continuées jufques en l'année 1659. par les nommez Barthelemy Heral fon valet, mary d'Anne Meliere; Iean Corbiere fils de Marguerite Gautrand; Pierre Connac, Bernard Bonnet, & autres fes complices, en nombre de trente ou quarante, au prejudice des veritables impofitions & leuées qui auoient efté faites par les Confuls, confirmées par les Arrefts dudit Parlement, fuiuant les mandés des Eftats & affiettes du Diocefe d'Alby, laquelle ladite Communauté faifoit leuer par François Blanc fieur de Lafe Fargues, Barthelemy & Louïs de Boute, Raymond Maynou & Guillaume Rey, lefquels auroient efté nommez auffi pour pourfuiure tous lefdits procez contre ledit Senegas; mais iceluy Senegas, pour empefcher qu'ils ne fiffent leur fonction, les fit affaffiner par ledit Heral, Corbiere, Connac & autres; & ledit fieur de la Fargues, vn d'iceux, auroit eu la main gauche emportée d'vn coup de mouf-

queton, & bleſſé à mort d'vn coup de piſtolet, à la teſte, la fille &
la ſeruante dudit Boute, bleſſées à mort, parmy leſquels
coups tirez en foule, ledit Corbiere fut tué. De tous ces aſſaſſinats commis, comme auſſi deſdites leuées & impoſitions faites
de l'autorité dudit Senegas, & du meurtre & aſſaſſinat commis en
la perſonne de Iean Bermond, ſecond Conſul de ladite Communauté, de l'année 1654. que ledit Senegas auroit fait tuer
d'vn coup de piſtolet par ſes coupe-jarets, leſdits Conſuls &
Syndics en firent informer d'autorité de la Cour des Aydes
de Montpellier, qui decerna diuers Arreſts de priſe de corps
tant contre ledit Senegas, Heral, Connac, Sentoul & autres
leurs complices, des 24. Nouembre 1654. 7. Nouembre, 9. 21.
28. & 30. Aouſt 1655. auec defenſes audit Senegas, ſur peine de
la vie, de continuer leſdites impoſitions & leuées. Et par les
meſmes Arreſts, leſdits Conſuls, Collecteurs & Taillables de
ladite Communauté, auroient eſté mis ſous la protection &
ſauuegarde du Roy & de la Cour, & ledit Senegas condamné
auec ſes complices à la reſtitution de tout l'argent, beſtiaux,
meubles à eux enleuez. Mais ledit Senegas, pour éuiter la puni-
tion de ſes crimes, ſe ſeroit aduiſé du nom de ladite de Gautran mere dudit feu Corbiere, & de faire informer recrimina-
toirement du meurtre de ſon fils d'autorité de ladite Chambre
de l'Edict de Caſtres, où il auroit ſuppoſé que ledit Corbiere,
Heral, & autres ſes valets & complices, auroient eſté aſſaſſinez
par leſdits Conſuls & Collecteurs des Tailles, dans leſquelles
informations il auroit compris fauſſement Louïs de Manelphe
ſieur de Villeneufue & Michel Blanc, quoy qu'ils fuſſent, lors
que l'action arriua, dans la ville de Montpellier, & il obtint
des Decrets de priſe de corps les 9. 14. 19. & 23. Aouſt 1655.
contre la plus grande partie de ladite Communauté : & pour
enfin oſter la connoiſſance de tous ces crimes à ſes Iuges naturels, ledit Senegas ſe ſeruit de deux moyens ; Le premier, de
ſuppoſer au Conſeil que les veritables Conſuls faits par ladite
Communauté, auoient des parents audit Parlement de Thoulouze au degré de l'Ordonnance, & pour cét effet il obtint
Lettres d'éuocation le 25. Feurier 1655. leſquelles il fit renou-
ueller

uellef par trois autres Lettres du grand Sceau, des 20. Auril, 25.
May, & 15. Iuillet 1655. fans pourtant faire aucune enquefte.
Le fecond duquel il s'eft feruy pour éuiter le Iugement de
l'inftance, pour raifon defdites impofitions & leuées faites de
fon autorité, pendante en ladite Cour des Aydes de Montpellier, d'obtenir fous le nom de ladite Gautran des Lettres
du grand Sceau du 14. Septembre audit an 1655. en reglement
de Iuges entre ladite Cour des Aydes & ladite Chambre de l'E-
dict de Caftres, en vertu defquelles Lettres il fit affigner les
parties au Confeil; & quoy que les Confuls & Syndics euffent
grande raifon de faire leuer lefdites defenfes portées par lefdites
Lettres, & fe faire décharger de ladite affignation, neantmoins
pour tafcher de terminer ledit procez, fe prefenterent au Confeil, & apres vne infinité de chicanes, ils obtinrent deux Arrefts:
Le premier pour raifon de ladite éuocation, le 21. Mars 1656.
fur productions refpectiues, par lequel ledit Sentoul, Bonnet
& confors furent deboutez de leurs Lettres d'éuocation, auec
dépens; L'autre Arreft pour raifon du reglement de Iuge, fut
rendu le 28. Mars audit an 1656. par lequel toutes les procedures faites en ladite Chambre de l'Edict de Caftres furent caffées
& les parties renuoyées en la Cour des Aydes de Montpellier,
auec dépens. Depuis, lefdits Confuls & Syndics ayants fait
retenir la connoiffance de la caufe audit Parlement de Thoulouze, par Arreft d'iceluy du 16. Octobre 1656. il auroit efté enjoint aux Confuls de ladite Communauté de faire leurs charges, & defenfes aufdits pretendus Confuls dudit Senegas de
les troubler, ny de s'ingerer de faire ny porter aucune nouuelle
Eflection: mais ledit Senegas ne tafche que d'embroüiller les
affaires de cette pauure Communauté, il fe pourueut derechef
au Confeil, où il obtint deux Arrefts fur deux Requeftes rem-
plies de fuppofitions; la premiere, fous le nom dudit Sentoul
& conforts, foy difants Confuls, de l'année 1655. quoy que
caffez, fur laquelle il obtint Arreft le dernier Iuin 1656. portant
qu'il feroit procedé de nouueau au Iugement de ladite inftance
d'éuocation, nonobftant ledit Arreft du 21. Mars 1656. & la fe-
conde, fous le nom de ladite Gautran, fur laquelle auroit efté

rendu autre Arreſt du meſme jour , portant qu'elle eſtoit re-
ceuë à écrire comme auparauant ledit Arreſt du 21. Mars 1656.
& cependant il continua touſiours ſes violences, & fit aſſaſſiner
pour vne ſeconde fois ledit Blanc par ledit Heral ſon valet,
André & Barthelemy Marlis, & autres ſes complices; duquel
aſſaſſinat ledit Blanc fit informer d'autorité de ladite Cour
des Aydes de Montpellier ; & ledit Senegas, pour ſe mettre
à couuert dudit aſſaſſinat, en fit informer par le Iuge de ſa terre,
nommé Fabre, au nom d'Anne Melliere femme dudit He-
ral, auquel auroit fait rendre Sentence de condemnation à
mort le 11. Ianuier 1657. qu'il fit confirmer par Arreſt de ladite
Chambre de l'Edict du 13. Auril ſuiuant; & depuis, ledit Fabre
ayant voulu troubler leſdits Conſuls en leur fonction , il fut
arreſté priſonnier en vertu d'vn Decret de priſe de corps de-
cerné par le Parlement de Thoulouze , qui fut en meſme
temps enleué par ledit Senegas & ſes complices; dequoy s'eſtant
voulu mettre à couuert, il en fit informer derechef ſous le nom
de ladite Melliere, de l'autorité de ladite Chambre de l'Edict,
quoy que ce ne fuſt point ſon intereſt; il obtint Decret de priſe
de corps en icelle le 7. Aouſt 1657. contre ledit Mancephe, Syndic, & autres taillables; & le 18. Septembre enſuiuant il obtint
Arreſt de condemnation à mort contre eux, l'execution duquel
il auroit fait ordonner par autre Arreſt du 23. Octobre ſuiuant,
ſur quoy leſdits Syndics s'eſtants pourueus au Parlement de
Thoulouze, par deux Arreſts des 22. Aouſt & 11. Decembre
1657. leſdits Arreſts & decret de ladite Chambre de Caſtres
auroient eſté caſſez , auec defenſes de troubler les veritables
Conſuls en la fonction de leurs charges. Enſuitte dequoy ledit Senegas auroit pourſuiuy encore deux autres Arreſts au
Conſeil, les 21. Nouembre & 31. Aouſt 1657. ſous le nom de
Georges Fabre Connac & conſors , ſoy diſants Conſuls des années 1656. & 1657. portant que ſur les fins deſdites requeſtes,
tendantes en caſſation des Arreſts du Parlement de Thoulouze , & de ladite Cour des Aydes de Montpellier , en conſequence des Arreſts du Conſeil, des 21. & 28. Mars 1656. les parties ſeront ſommairement ouïes , & cependant ſurſeoiront l'e-

xecution d'iceux, contre lesquels ledit Syndic s'estant pour-
ueu au Conseil, il interuint Arrest, le 25. Septembre 1657. portant que sur les fins de ladite requeste, les parties seroient
sommairement oüies, & cependant surseoiroient l'execution
desdits Arrests sur requeste, obtenus par ledit Senegas, des dernier Iuin 21. Nouembre 1656. 31. Aoust 1657. & toutes poursuittes ailleurs qu'au Conseil, jusques à ce que par sa Majesté
en ait esté ordonné. En consequence de cet Arrest, ledit Syndic
fit faire les defenses y contenues à toutes lesdites parties, le 15.
Octobre audit an 1657. & les fit reïterer, le 7. Iuin 1658. ce que
ledit Senegas n'auroit pas consideré, car il auroit continué ses
poursuittes en ladite Chambre de l'Edict de Castres, au prejudice de l'instance du Conseil, & des defenses signifiées d'iceluy, où il obtint des Arrests d'vn nommé Isaac Vieux, portant
prise de corps contre lesdits Syndics, Terlans & autres Taillables de ladite Communauté, le 4. Septembre, 14. Octobre, 14.
Nouembre 1658. par lesquels il fit adjuger toutes ses fins &
conclusions, & condemner la plus grande partie desdits Taillables, dans lesquelles poursuittes il se fit receuoir partie in-
teruenante. D'autre costé ledit Senegas pour embroüiller encore plus ladite instance, se presenta sur vne assignation que
le Sergent luy auoit donnée par mesprise, & de laquelle ledit Syndic s'estoit desisté par acte du 9. Iuin 1658. & comme
il n'y auoit point d'apparence qu'il se deust faire aucunes poursuittes au Conseil, apres ledit acte de desistement, ledit Syndic ne s'y feroit pas presenté; mais ledit Senegas auroit leué
les congez, en fit juger les profits, le 18. Decembre 1658. par
Arrest dudit Conseil, par lequel il fit ordonner l'execution
de tous les susdits Arrests de ladite Chambre de Castres, contre lequel ledit Syndic obtint des Lettres au grand sceau, le
26. May 1659. qui le restituënt enuers ledit Arrest de congé,
& en vertu des mesmes Lettres, il fit assigner ledit Senegas &
autres, pour voir casser toutes lesdites procedures attentatoi-
res, faites en ladite Chambre de l'Edict, & pour satisfaire entierement au contenu desdites Lettres; il fit la consignation
de la somme de cinquante liures, és mains d'vn Marchand sol-

uable faute par ledit Senegas de l'auoir voulu receuoir. Mais ledit Senegas voulut derechef vfer de fes furprifes ordinaires, & fous les noms de Gilles Fabre, Gilles Carrié, Seruin, Rocques & autres fes pretendus Confuls, il obtint Arreft au Confeil fur la requefte, le 23. Iuin 1659. portant que les parties feroient fommairement oüies ; cependant fa Majefté auroit caffé tout ce qui auoit efté fait au Parlement de Thoulouze ; mais dés que ledit Carrié & Rocques eurent connoiffance de cet Arreft, ils le defaduoüerent par acte du 15. Aouft 1659. & declarerent qu'ils n'auoient jamais donné charge d'en faire la pourfuitte, comme n'ayant aucun intereft en ladite inftance; mais ledit Senegas voyant cette fubtilité defcouuerte, prefenta deux autres requeftes fous le nom dudit Bonnet fon Valet, & obtint deux Arrefts : Le premier, le 16. Decembre 1659. portant leuée des defenfes, & permis d'executer tous lefdits Arrefts de ladite Chambre de l'Edict ; Et le fecond le 12. Septembre 1662. qui declare le premier contradictoire. Sur les mefmes fuppofitions, il prefenta encore deux autres requeftes, fous les noms de ladite Melliere & Gautran, fur lefquelles il obtint deux Arrefts du Confeil, le 28. Nouembre, 22. Decembre 1662. qui declarent auffi ledit Arreft de congé contradictoire; mais il fit encore plus, il continua fes pourfuittes en ladite Chambre de l'Edict de Caftres, contre lefdits Blancs Syndics, la Baftide, Trelans, Manelphe & autres Taillables, en hayne de ce qu'ils auoient prefté main forte à l'execution des Arrefts de condemnation à mort, donnez par le Parlement de Thoulouze, à la requefte du Procureur General de fa Majefté en iceluy contre ledit Senegas, pour reparation de crime de facrilege & autres qu'il a commis, fuiuant le commandement qui leur en auroit efté fait, en vertu d'vne ordonnance de Monfieur le Prince de Conty, Gouuerneur pour fa Majefté du Languedoc, pour raifon dequoy il fit diuerfes fauffes informations, contre la plus grande partie des Taillables, & ledit fieur de Terlans les accufant de l'auoir volé, il obtint diuers Arrefts de prife de corps & de condemnation à mort, contre eux en ladite Chambre de Caftres, les 28. Auril, 5. Iuillet, &

11.May

11. May 1661. en vertu defquels il auroit fait plufieurs violen-ces, de forte que ladite Communauté voulant tafcher de met-tre quelque fin à toutes fes continuelles chicannes, elle auroit prefenté requefte au Confeil, par laquelle ayant expofé tous leurs malheurs, fa Majefté par fon Arreft du Confeil, du 30. Septembre 1662. auroit renuoyé en la Chambre de Iuftice, toutes les fufdites plaintes, charges & informations faites à la requefte defdits Confuls & autres taillables dudit Curualle contre ledit Senegas, enfemble celles qui juftifient tous les cas & crimes de facrilege par luy commis & fes complices, pour le procez leur eftre fait & parfait par ladite Chambre de Iuftice, & jugé fuiuant les ordonnances auec attribution de toute Cour, Iurifdiction & connoiffance, & icelle interdite à la-dite Chambre de Caftres & à tous autres Iuges; & à cette fin fa Majefté auroit ordonné que les plaintes, charges & infor-mations eftant au Greffe, tant du Confeil que des Cours du Parlement de Thoulouze, Aydes de Montpellier, & autres Iu-rifdictions du Royaume, feront apportées ou ennoyées au Gref-fe de ladite Chambre de Iuftice, à quoy faire lefdits Confuls,& Syndics auroient fatisfait, & fait remettre toutes lefdites char-ges & informations, qui prouuent tous lefdits cas & crimes fufdits; mais ledit Senegas pour eluder l'execution dudit Arreft, & euiter la condemnation du dernier fupplice, dont le mena-ce de fi prés l'Arreft diffinitif, qui doit eftre rendu par ladite Chambre: il fe feroit aduifé de furprendre vn Arreft au Con-feil, le 3. Octobre 1662. contre ledit fieur Procureur General du Parlement de Thoulouze, pour raifon defdits crimes de facrilege, & autres commis par ledit de Senegas & fes com-plices, pour la reparation defquels ledit fieur Procureur General l'auoit fait condemner à mort par Arreft dudit Parle-ment du 18. Feurier 1661. par lequel Arreft il fe feroit fait ren-uoyer en ladite Chambre de l'Edict de Caftres; & en fuite, fous pretexte dudit Arreft de renuoy, il en auroit furpris vn autre audit Confeil, fur Requefte, du 20. Feurier 1663. qui ordonne que les parties procederont en ladite Chambre de Iuftice, fur les impofitions &, indeuës leuées & concuffions dont ledit

Senegas & fes complices font conuaincus; Et à l'égard des autres crimes d'affaffinats, meurtres & autres, en ladite Chambre de l'Edict, en confequence dudit Arreft du 3. Octobre, bien
qu'il ne fuft pas queftion dans ladite inftance renuoyée, que
des crimes & facrileges, feulement fous pretexte duquel Arreft
ledit Senegas ayant efté interrogé par le fieur de Noguez, Confeiller & Commiffaire de ladite Chambre, fur les informations
qui ont efté apportées au Greffe d'icelle, il auroit refufé de répondre fur les faits defdits meurtres & facrileges, bien que la connoiffance en appartinft à ladite Chambre de Iuftice, làquelle
ayant veu toutes les informations, elle decreta tout de nouueau prife de corps contre ledit Senegas, les nommez Verduns
& faint Pierre fes enfants & autres, le premier Mars 1663. En
fuite dequoy ayant voulu mettre à execution ledit Decret,
ledit faint Pierre & la Dame de Moncam femme dudit Senegas, l'auroit empefché, & fait tirer des coups de fufils fur les
porteurs d'iceluy, exceder, ofter leurs armes, & le Decret de
ladite Chambre de Iuftice, de laquelle rebellion ladite Dame
de Moncam croyant fe remettre à couuert, auroit, tant fous
le nom dudit Senegas fon mary, que fous le fien, d'André
Marty & autres, porté fa plainte en ladite Chambre de l'Edict,
où elle auroit fuppofé qu'on l'auroit voulu affaffiner; & fur de
fauffes informations, compofées de tefmoins qui font domefti-
ques & complices dudit Senegas, elle auroit obtenu Arreft en
icelle le 28. Iuillet dernier, qui auroit deputé les fieurs de la
Mothe & Brugere, Confeillers en ladite Chambre, pour fe
tranfporter fur les lieux, faire & parfaire le procez aux Archers & autres porteurs dudit Decret, comme auffi aufdits
Tarlans, la Fargue & autres; & ordonné que tous les autres
precedents Arrefts que ledit Senegas auoit fait rendre en ladite Chambre de l'Edict, tant en fon nom, que de ladite Gautran, Melliere & autres, feront executez par lefdits Commiffai-
res, quoy qu'ils ayent efté caffez & furcis par diuers Arrefts du
Confeil, qui leur font defenfes de faire pourfuites ailleurs, au
prejudice defquels il ne laiffe pas de les continuer en ladite Chambre de l'Edict; & au Senefchal de Tar.ce, fous les

noms deſdits Senegas, Verrat, Vareilles & autres leurs complices, ſous pretexte de certaines Lettres du grand Sceau, le
7. Decembre dernier, en execution duquel Arreſt leſdits
Commiſſaires ayants decreté contre leſdits Archers & ſieur de
Terlans, il l'auroit en ſuite chaſſé & ſa famille hors de ſa maiſon
de la Baſtide, de laquelle leſdits Commiſſaires ſe ſeroient em-
parez, & mis garniſon de pluſieurs ſcelerats, tous Religionai-
res comme ledit Senegas, qui auroient mis tout au pillage, &
enleué tous ſes meubles, papiers, tiltres & argent; & non con-
tents de ce, ils auroient fait abbatre le Clocher de l'Egliſe dudit
la Baſtide, & commettent encore tous les jours de ſemblables
crimes : Et depuis leſdits Commiſſaires auroient inſtruit le procez contre leſdits Syndics, Terlans, & grand nombre des habitans & taillables de ladite Communauté; ce qui auroit obligé
ledit Terlans, qui n'eſt point juſticiable de ladite Chambre
de l'Edict, de ſe pouruoir audit Parlement de Thoulouze, où
ayant fait voir qu'il n'auoit rien fait que preſter main forte à l'e-
xecution deſdits Arreſts, il en auroit obtenu deux les 24.
Aouſt & 4. Septembre derniers, qui caſſent ceux de ladite
Chambre de l'Edict; ordonnent en outre la main-leuée dudit
Chaſteau, fruits & biens en dependants, deſquels Arreſts ledit Senegas ayant demandé caſſation en ladite Chambre de l'E-
dict, il ſeroit interuenu Arreſt de partage le 11. Septembre 1663.
& comme ledit Senegas oppoſoit touſiours leſdits Arreſts du
Conſeil du 3. Octobre, & 15. Decembre 1662. & 20. Feurier
1663. ledit Syndic & Terlans en auroient demandé la caſſation
& le renuoy de nouueau en ladite Chambre de Iuſtice de toutes
leſdites accuſations; dequoy ledit Senegas ayant eu aduis, il
en auroit baillé vne contraire, ſur leſquelles deux Requeſtes
ſeroit interuenu Arreſt audit Conſeil, le 22. Septembre dernier,
portant qu'auant y faire droit, toutes les informations pour
raiſon deſdits meurtres & aſſaſſinats commis par ledit Senegas,
ſeroient apportées dans ſix ſemaines au Greffe du Conſeil,
pour icelles veuës, eſtre ordonné ce que de raiſon; en conſequence duquel Arreſt, leſdits Syndics & taillables ont fait rap-
porter la pluſpart deſdites informations, & voulant mettre

lefdits procez en eſtat d'eſtre jugez, voyant que ledit Senegas auoit obtenu pluſieurs Arreſts ſur Requeſte au Conſeil, ſur des ſuppoſitions, ledit Syndic en auroit demandé la caſſation & de ceux de ladite Chambre de l'Ediƈt : De ſorte que ſur ſa Requeſte & celle deſdits Melliere & Gautran ſeroit interuenu Arreſt contradiƈtoire, le 22. Aouſt 1663. portant que les parties ſeroient ſommairement oüies, pardeuant le Commiſſaire à ce deputé, deuant lequel toutes les pieces & requeſtes ayant eſté miſes, & par iceluy fait rapport du tout au Conſeil, Arreſt contradiƈtoire ſeroit interuenu le 18. Decembre dernier, par lequel ſans s'arreſter aux Arreſts du Conſeil, des 16. Septembre 1659. 12. Septembre, 28. Nouembre, & 22. Decembre 1661. ny à tout ce qu'en conſequence s'en eſtoit enſuiuy ; il auroit eſté ordonné, qu'il ſeroit procedé ſeparément au jugement deſdites inſtances d'euocation & reglement de Iuges, auquel effet leſdites parties eſcriroient & produiroient ſur les fins de la requeſte mentionnée en l'Arreſt du Conſeil, du 24. Septembre 1657. & ſur les Lettres de reſtitution du 25. May 1659. ſurſeoiroient cependant l'execution des Arreſts du Conſeil, des 21. Nouembre 1656. 31. Aouſt 1657. 24. & 28. Nouembre 1658. 23. Iuin 1659. & ceux de ladite Chambre de l'Ediƈt de Caſtres, des 7. Aouſt 18. Septembre, 22. Oƈtobre 1657. 4. Septembre, 6. Oƈtobre, 14. Nouembre 1658. 28. Auril, 6. Iuillet, 21. May 1661. & 28. Iuillet dernier, & de ceux de la Cour des Aydes de Montpellier, des 31. Iuillet 1658. 19. Auril & 19. Ianuier, &   Oƈtobre dernier, & ordonné que les Aduocats des parties remettroient leurs produƈtions, ſur leſquelles les Arreſts du Conſeil, des 21. & 28. Mars 1656. auoient eſté rendus, à quoy ledit Syndic auroit ſatisfait. A quoy ſa Majeſté deſirant de pouruoir, & empeſcher que cette pauure Communauté ne demeure pas plus long-temps, dans l'oppreſſion ſous pretexte deſdits Arreſts du Conſeil, des 28. Iuillet 1655. dernier Iuin & 21. Nouembre 1656. 31. Aouſt 1657. 23. Iuin 1659. 3. Oƈtobre, 5. Decembre 1662. 20. Feurier, & Lettres du grand ſceau du 7. Decembre 1663. obtenuës par ledit Senegas, Sentoul & conſors, & de ceux

rendus

rendus en ladite Chambre de l'Edict de Castres, des 12. Aoust 1654. 9. 14. 19. & 23. Aoust 1655. 13. Auril, 7. Aoust, 18. Septembre, 23. Octobre 1657. 4. Septembre, 6. 14. Octobre, 14. Nouembre 1658. dernier Mars & 30. Auril 1659. 11. Mars & 6. Nouembre 1660. 28. Auril, 12. May, 6. Iuillet 1661. 8. Ianuier 28. Iuillet, 29. dudit mois de Iuillet, 10. & 12. Decembre 1663. 4. Ianuier dernier. Arrests de la Cour des Aydes de Montpellier, des dernier Iuin 1658. 19. Ianuier, 19. Auril, &   Octobre 1663. procedures de Curualle du 11. Ianuier 1657. & Senefchal de Carcaffonne, le tout pourfuiuy & obtenu par lefdits Senegas, Moncam fa femme, Melliere, Gautran, Vicu, Senergues, Martis, Carcennac, Bertrand, Bermond, Vareilles, Bonnet, Martel, & autres leurs confors, donnez au prejudice des defenfes du Confeil, fignifiées, & des inftances pendantes en iceluy : Ouy le rapport du fieur Poncet Confeiller du Roy en fes Confeils, M^e des Requeftes de fon Hoftel, & Commiffaire à ce deputé par l'Arreft du Confeil d'Eftat, du 13. Decembre 1663. Et tout confideré : S A MAIESTE' ESTANT EN SON CONSEIL, fuiuant & conformément à l'Arreft d'iceluy, du 30. Septembre 1662. portant renuoy en ladite Chambre de Iuftice, des plaintes , charges & informations faites par lefdits Confuls, Syndics & Collecteurs des Tailles , & autres Habitans taillables & contribuables dudit Curualle, contre ledit Senegas & fes complices, pour raifon des impofitions, exactions & indeuës leuées des deniers, a pareillement renuoyé & renuoye en ladite Chambre de Iuftice , tous les autres cas & crimes generallement quelconques , concernants les meurtres & affaffinats , facrileges & autres crimes, circonftances & dependances , dont ledit Senegas eft accufé ; enfemble ledit Corbiere, Heral, Martis , & autres fes complices mentionnez és informations faites à la requefte & pourfuite defdits Confuls, Syndics & Collecteurs des tailles de ladite Communauté du Curualle, Blancs freres, & autres habitans & taillables de ladite Communauté, plaintifs & accufateurs, pour eftre le procez fait & parfait fur le tout, conjointement aufdits Senegas & complices, par la-

D

dite Chambre de Iuſtice, juſques à Arreſt diffinitif incluſiuement, & fait droit ainſi qu'il euſt peu eſtre fait auant leſdits
Arreſts des 30. Iuin 1656. 3. Octobre 1662. 20. Feurier 1663.
& tous autres Arreſts du Conſeil & Lettres du grand Sceau ſur
ce expediées ; comme auſſi auant ceux de ladite Chambre de
l'Edict de Caſtres, interuenus par defaut contre les taillables
de Curualle, les 13. Auril, 18. Septembre 1657. 14. Nouembre
1658. au prejudice des defenſes du Conſeil ; & autres donnez
en conſequence ; enſemble les Iugements rendus par les Iuges
des lieux de Curualles, Seneſchal de Carcaſſonne, & Arreſts
de ladite Cour des Aydes de Montpellier, obtenus par leſdits
Senegas , Moncam , Gautran , Biou, Mellieſe , Semergues,
Vareilles , Bermond , Bonnet , Bertrand, Sentoul , Mathieu,
Fabres, Carrié , Martel & conſors , & tout ce qu'en conſequence s'en eſt enſuiuy ; Fait ſa Majeſté main-leuée audit ſieur
de Terlans , de ladite maiſon de la Baſtide ; ordonne que la
garniſon , qui eſt dedans, vuidera icelle au premier commandement, ſur peine d'eſtre procedé extraordinairement par ladite Chambre, contre les contreuenants; à quoy faire les de-
tenteurs ſeront contraints par toutes voyes, meſmes par corps:
Fait ſa Majeſté defenſes audit Senegas & complices de ſe
pourueoir ailleurs qu'en ladite Chambre de Iuſtice , pour
raiſon des faits cy-deſſus, circonſtances & dependances; & à
tous Aduocats dudit Conſeil, de ſigner, ny preſenter aucune
Requeſte, à peine de répondre en leurs propres & priuez noms
des dépens , dommages & intereſts des parties ; Et pour cét
effet, que lecture ſera faite du preſent Arreſt en leur Aſſem-
blée, & iceluy regiſtré en leurs Regiſtres , à la diligence de
leurs Syndics, à ce que nul n'en prétende cauſe d'ignorance :
Ordonne ſa Majeſté à ſes Lieutenants Generaux des Prouinces
de Guyenne & Languedoc , Intendants d'icelles : & enjoint
aux Preuoſts des Mareſchaux, & tous autres Officiers , de
preſter ayde & main-forte à l'execution du preſent Arreſt, &
de ceux qui ont eſté & ſeront rendus par ladite Chambre de Iuſtice contre ledit Senegas & complices , en ſorte que la force
demeure à la Iuſtice : Comme auſſi ſa Majeſté a mis en ſa pro-

tection & ſauuegarde leſdits Blancs freres, Terlans, Manelphe, leurs femmes & enfants, domeſtiques, & autres taillables
de ladite Communauté de Curualle. Fait au Conſeil d'Eſtat
du Roy, ſa Majeſté y eſtant, tenu à Paris le 13. jour de Feurier
1664. Signé, PHELIPPEAVX.

LOVIS par la grace de Dieu Roy de France & de Nauarre ; A nos
amez & feaux Conſeillers les gens tenans noſtre Chambre de
Iuſtice : Salut ; Suiuant & conformement à l'Arreſt de noſtre Conſeil
du 30. Septembre 1662. qui vous renuoyoit les plaintes, charges &
informations faites par les Conſuls, Syndics & Collecteurs des
tailles, & autres habitans taillables & contribuables de la Communauté de Curualle ; contre Charles de Durand ſieur de Senegas, & ſes
complices, pour raiſon des impoſitions, exactions & indeuës leuées
des deniers ; Nous vous renuoyons pareillement par celuy dont
l'extraict eſt cy-attaché ſous le contreſeel de noſtre Chancellerie, ce
jourd'huy donné en noſtre Conſeil d'Eſtat, Nous y eſtant, & par ces
preſentes ſignées de noſtre main, tous les autres cas & crimes generalement quelconques concernant les meurtres, aſſaſſinats, ſacrileges
& autres crimes, circonſtances & dependances, dont ledit Senegas
eſt accuſé ; enſemble les nommez Corbiere, Heral, Martis & autres ſes complices dénommez audit Arreſt, compris és informations
faites à la requeſte & pourſuite deſdits Conſuls, Syndics & Collecteurs
des Tailles de ladite Communauté de Curualle, pour eſtre le procez
fait & parfait par vous ſur le tout conjointement audit Senegas &
complices, juſques à Arreſt diffinitif incluſiuement, & fait droit
ainſi qu'il euſt peu eſtre fait auant les Arreſts, tant du Conſeil,
Lettres du grand Sceau, ceux de la Chambre de l'Edict de Caſtres,
les Iugements rendus par les Iuges des lieux de Curualle, Séneſ-
chal de Carcaſſonne, qu'autres Arreſts de la Cour des Aydes de
Montpellier y énoncez, & tout ce qu'en conſequence s'en eſt enſuiuy :
Commandons au premier noſtre Huiſſier on Sergent ſur ce requis,
de ſignifier ledit Arreſt aux dénommez en iceluy, & à tous autres
qu'il appartiendra, à ce que nul n'en ignore, & ayent à obeyr, ſur les
peines y declarées, & faire pour ſon entiere execution, & de la main
leuée y mentionnée, en faueur du ſieur de Terlans, de la maiſon de la

Baſtide, & de la leuée de la garniſon qui eſt dedans, au premier commandement, ſur peine d'eſtre par vous procedé extraordinairement contre les contreuenants, les defenſes portées par ledit Arreſt, & les contraintes y declarées ; enſemble tous commandements, ſommations, & autres exploits à ce neceſſaires, ſans autre permiſſion. Ordonnons à nos Lieutenants Generaux de Guyenne & Languedoc, Intendants d'icelles, & enjoignons aux Preuoſts des Mareſchaux, & tous autres Officiers ; de preſter aydé & main forte à l'execution du preſent Arreſt, & de ceux qui ont eſté & ſeront rendus par noſtredite Chambre de Iuſtice contre ledit Senegas & complices, en ſorte que la force demeure à la Iuſtice ; Comme auſſi nous auons mis en noſtre protection & ſauuegarde ledit Terlans, Blancs freres, Manelphe, leurs femmes, enfants, domeſtiques, & autres taillables de ladite Communauté de Curualle. Voulons qu'aux coppies d'icelles & des preſentes deuëment collationnées par l'vn de nos amez & feaux Conſeillers & Secretaires, foy ſoit adjouſtée comme aux Originaux : CAR tel eſt noſtre plaiſir. Donné à Paris le 13. Feurier l'an de grace 1664. & de noſtre Regne le vingtvnieſme. Signé LOVIS, Par le Roy, PHELIPPEAVX.

L'An mil ſix cents ſoixante-quatre, le quatorziéme jour de Fevrier ; A la requeſte du Syndic de la Communauté de Curualle, les ſieurs de la Baſtide, Terlans & de Manelphe ſieur de Villeneufue, & autres dénommez dans l'Arreſt cy-deſſus ; nous Huiſſier ordinaire du Roy en ſes Conſeils & ſouſſigné, auons ledit Arreſt monſtré, ſignifié, & d'iceluy baillé coppie à Charles de Durand ſieur de Senegas, au Chaſteau de la Baſtille, parlant à ſa perſonne, à ce que du contenu audit Arreſt il ne pretende cauſe d'ignorance, tant pour luy, que pour ſes complices, auſſi dénommez audit Arreſt, à ce qu'ils n'en ignorent. OLIVIER.

ARREST DE LA CHAMBRE

de Iuſtice, par lequel elle declare qu'elle retient la connoiſſance des procez d'entre les Conſuls & Syndics de Curualle, & le ſieur de Senegas & ſes complices, qui luy ont eſté renuoyez par Arreſt du Conſeil d'Eſtat du Roy, ſa Majeſté y eſtant, le 13. Feurier 1664.

Extraict des Regiſtres de la Chambre de Iuſtice.

VEv par la Chambre la requeſte à elle preſentée par le Procureur General du Roy ; contenant que par Arreſt du Conſeil d'Eſtat du Roy, ſa Majeſté y eſtant du 13. jour du preſent mois de Feurier 1664. ſadite Majeſté conformément à l'Arreſt dudit Conſeil, du 30. Septembre 1662. portant renuoy en ladite Chambre, des charges & informations faites par les Conſuls, Syndics de Curualle, contre Charles de Durand ſieur de Senegas, faiſant profeſſion de la Religion Pretenduë Reformée, & ſes complices, pour raiſon des impoſitions, exactions & indeuë, leuée des deniers; A pareillement renuoyé en ladite Chambre tous les autres cas & crimes generalement quelconques, concernant les meurtres & aſſaſſinats, ſacrileges & autres crimes, circonſtances & dependances, dont ledit Senegas eſt accuſé; enſemble les nommez Corbiere, Heral, Martis & autres ſes complices mentionnez és informations faites à la requeſte & pourſuitte deſdits Conſuls, Syn-

E

dics & Collecteurs des Tailles de ladite Communauté de Curualle, Blancs, Freres & autres Habitans & taillables de ladite Communauté, plaintifs & accufateurs, pour le procez fait & parfait fur le tout conjointement aufdits Senegas & complices par ladite Chambre, jufques à Arreft diffinitif inclufiuement, & fait droit ainfi qu'il euft peu eftre fait auant les Arrefts des 30. jour du mois de Iuin 1656. 3. jour d'Octobre 1662. & 20. jour du mois de Feurier 1663. & tous autres Arrefts du Confeil & Lettres du grand fceau, fur ce expediées ; comme auffi auant ceux de la Chambre de l'Edict de Caftres, interuenus par defaut contre les taillables de Curualles, les 13. jour du mois d'Auril, 18. Septembre 1657. 14. Nouembre 1658. au prejudice des defenfes du Confeil, & autres donnez en confequence ; enfemble les Iugements rendus par les Iuges des lieux de Curualle Senefchal de Carcaffonne, & Arrefts de la Cour des Aydes de Montpellier, obtenus par lefdits Senegas, Montcam, Gontran, Biou, Meliere, Senergues, Vareilles, Bermond, Bonnet, Bertrand, Sentoul, Mathieu, Fabres, Carrié, Martel & confors, & tout ce qu'en confequence s'en eft enfuiuy, auec defenfes audit de Senegas & complices de fe pouruoir ailleurs qu'en ladite Chambre, pour raifon des faits cy-deffus, circonftances & dependances, fignification dudit Arreft, du 14. dudit prefent mois : Ouy le rapport du fieur Puffort Commiffaire à ce deputé, & tout confideré : LA CHAMBRE a retenu la connoiffance defdits procez & differents criminels à elle renuoyez par ledit Arreft du Confeil d'Eftat, pour eftre procedé fur iceux, circonftances & dependances fuiuant les derniers errements ainfi qu'il appartiendra, & qu'à cet effet, les charges, informations & autres procedures, & inftructions concernants lefdits procez, feront apportées au Greffe de la Chambre ; qu'à ce faire, les Greffiers & tous autres Commis qui s'en trouueront chargez, feront contraints par les voyes ordinaires, pour le tout communiqué au Procureur General du Roy, eftre fait droit par la Chambre, ainfi qu'il appartiendra. Fait en ladite Chambre, le vingtiefme jour de Feurier mil fix cents foixante & quatre.

Signé FOVCAVLT.

Collationné à l'Original par moy Confeiller Secretaire du Roy, & de fes Finances.

Extraict des Regiftres de la Chambre de Iuftice.

SVR ce qui a efté reprefenté en la Chambre par le Procureur Gene-ral du Roy en icelle, que pour preuenir les abus qui pourroient eftre commis en l'impreffion des Lettres patentes, Arrefts & autres Expe-ditions concernant ladite Chambre, il eft neceffaire de faire choix & de commettre vn Imprimeur de capacité & probité reconnuë. LADITE CHAMBRE a ordonné & ordonne, que toutes les *Lettres patentes, Declarations, Arrefts & autres Actes & Expeditions concernant ladite Chambre,* feront imprimées par Antoine Vitré Imprimeur du Roy, A fait defenfes à tous autres Imprimeurs, Libraires & autres, d'imprimer aucuns Arrefts & Expeditions de ladite Chambre, à peine de quinze cents liures d'amende contre chacun des contreuenans, applicable à l'Hofpital general, & d'autres peines au cas écheant. Fait en la Chambre de Iuftice, tenuë à Paris le neufiefme jour de Decembre 1661.

Signé, FOVCAVLT.